Heinrich Schröter

**Menschenbilder
Lebensfragen
Zeitzeichen**

Heinrich Schröter

Menschenbilder
Lebensfragen
Zeitzeichen

Kurztexte 2001 bis 2003

Bibliografische Information Der Deutschen Bibliothek
Die Deutsche Bibliothek verzeichnet diese Publikation in der Deutschen
Nationalbibliografie; detaillierte bibliografische Daten sind im Internet über
http://dnb.ddb.de abrufbar.

ISBN: 3-936950-06-7

Das Werk einschließlich aller seiner Teile ist urheberrechtlich geschützt. Jede Verwertung ist ohne Zustimmung des Verlags unzulässig. Dies gilt insbesondere für Vervielfältigungen, Übersetzungen, Mikroverfilmungen und die Einspeicherung und Verarbeitung in elektronischen Systemen.

© 2003 bei CONTE Verlag

Am Ludwigsberg 80 - 84
66113 Saarbrücken
Tel: 0681 / 416 24 28
Fax: 0681 / 416 24 44
E-Mail: info@conte-verlag.de
Verlagsinformationen im Internet: www.conte-verlag.de

Lektorat:	Helmut Walther, Wiesbaden
Satz:	Elke Schipper, Büro- und Sekretariatsservice, Breslauer Straße 28, 65203 Wiesbaden
Druck :	PRISMA Verlagsdruckerei, Saarbrücken, gedruckt auf säurefreiem und chlorfrei gebleichtem Papier

Umschlaggestaltung unter Verwendung des Gemäldes „Die fünf Sinne" von Lubin Baugin mit freundlicher Genehmigung © The Yorck-Project, Berlin, 2001.
Die Abbildung auf S. 149 (Jean Cocteau, Le sang d'un poète) entstammt einer unbekannten Quelle.

Printed in Germany

Vorwort

Dies ist ein ungewöhnliches Buch: Hier spricht der Autor mit dem Leser. In kurzen, präzisen Texten – Fragen und Antworten zum Mensch-Sein in unserer Zeit – verschmelzen Prosa und Poesie, Spruch und Aphorismus, These und Bericht, Epigramm und Gedicht. Und die Freiräume zwischen den etwa 250 Kurztexten laden den Leser zum Kommentieren ein.

Die russische Komponistin Sofia Gubaidulina (geb. 1931) sagte Ende der 1990er Jahre in einem Interview: „Ich schätze die innere Aktivität des Menschen sehr; es ist deswegen nicht gut, dass die Leute nur noch genießen möchten. Das ist zu wenig, und es kann sein, dass dadurch die geistige Muskulatur verloren geht. Es ist eine Gefahr, dass der moderne Mensch sich nur noch erholen möchte und Spaß haben will, das ist der Tod des Geistes."

Die Kurztexte Heinrich Schröters sind vorzüglich für diese Art des geistigen Trainings geeignet, sie klingen erfahren und frech, hart, aber auch gefühlvoll, zornig und zufrieden. Die Gedichte und Aphorismen stimulieren den Leser zur Stellungnahme.

Angesichts des Alters des Autors drängt sich die Frage auf, ob diese Texte das weise Resümee eines ereignisreichen Lebens sind. Aber Schröter fragt unermüdlich weiter. Wer wissen möchte, was diesen Autor zum Schreiben drängt, dem empfehle ich zunächst den Abschnitt „Kunst muss Geist und Seele zeigen".

Katharina Jäschke

Die Sprache ist das Haus des Seins.

                              Martin Heidegger

Literatur ist Sprache, die mit Sinn geladen ist.

                              Ezra Pound

Die Funktion des Schriftstellers besteht darin, die Dinge beim Namen zu nennen.

                              Jean-Paul Sartre

Ich grüße das Göttliche in dir

Hältst du es mit der Religion
oder
vertraust du der Evolution?

Urfrage:
Wer oder was ist Gott?
Urantwort:
Das geistige Universum,
der „heilige Geist".

**Meinst du mit Shelley,
dass Gott ein anderes Wort
für das Weltall ist?**

**Ich glaube an Gott –
so wahr mir Gott helfe.**

Wenn ich Gott denke,
sehe ich mich
als Kind der Gottheit und der Schöpfung,
als Sand- und Saatkorn des Universums,
als irdisches Kleinod der Weltseele.

Wer sich in Gedanken oder Gebeten
an einen Gott im Himmel wendet,
spricht mit seiner eigenen Gottheit,
der Gottheit seines Geistes,
seiner Seele, seiner Persönlichkeit.

Welche
Vermessenheit,
Verlegenheit,
Verlogenheit:
zu jedermann,
zu jeder Zeit,
an jedem Ort
„Grüß Gott!"
zu sagen!

Gott sei mit dir!
Oder:
Glück sei mit dir!

Ich grüße das Göttliche
in dir.
Grüßt du das Göttliche
in mir?

Möchtest du
die rechte Hand
Gottes sein?

Es gibt
– bei Gott! –
Allmächtiges,
Ewiges,
Göttliches.

Nur Gott
kennt,
sieht
das Ganze.

Größe

Konfuzius:
Die Welt ist groß.
Rainer Maria Rilke:
Gott ist groß.
Cassius Clay:
Ich bin der Größte.

„Vor Gott, Freunde,
sind wir alle einerlei Gras",
glaubte Karl Heinrich Waggerl.
Gras,
das gefressen wird
oder verdorrt?

Worte der Weisen

Gott spielt mit uns (Hesse).
Gott würfelt nicht (Einstein).
Gott rechnet (Pythagoras).
Gott antwortet nicht (Jünger).
Gott schweigt (Retörsch).
Gott ist sehr weit (Lorca).
Gott ist tot (Nietzsche).

**Mit Marx, Nietzsche, Freud und Sartre
ist das alte Bibel-Gotteshaus eingestürzt.**

Immer wieder suchen
Wissenschaftler, Philosophen
nach einer Weltformel.
Sie wurde längst gefunden.
Marc Aurel:
Das Weltganze wird erhalten
durch Veränderung der Grundstoffe
und der aus ihnen bestehenden Körper.

Die ganze Wahrheit
weiß nur Gott.

Prometheus oder Apollon sein?

Jeder Mensch
ist ein Künstler?
Jeder Mensch
hat tausend Gesichter,
jeder Mensch
ist ein Schauspieler.

Der Mensch ist ein
kopf-, herz- und
seelenstarkes Geschöpf.

Wer ist bei dir
Herr im Haus:
der Kopf,
das Herz oder
der Bauch?

Im Menschen strömt Blut
aus vieltausend Quellen,
er ist ein Universum
aus Billionen Zellen.

Hauptbestimmung des Menschen:
leben
und für das Weiterleben sorgen.

Der Mensch ist
eine vielfältige Kreatur:

Mörder
Richter

Herrscher
Heiliger

Forscher
Künstler

Wohltäter
Märtyrer

Das ist er:
Straftäter und/oder Wohltäter,
Berserker und/oder Biedermann,
Rekel und/oder Roboter.
Räuber- und Samariterseele –
alles in einer Brust?

Bestialische Zweibeiner,
hirnstarke Ungeheuer –
wer ist gemeint?

Vielleicht
sind wir Menschen
Mittelwesen
zwischen Tier und Gott.

Ecce homo

Kannibale
Barbar
Bestie
Berserker
Unmensch
Untermensch
Monster
Mörder
Ungeheuer
Tyrann
Titan
Teufel
Dämon
Götze

Ist der Homo sapiens
ein gespaltenes,
absurdes Wesen?

Führt der Weg Adams
vom Menschen zum Dämon
oder zum Halbgott?

Auch der Homo novus
ist ein Lebewesen zwischen
Hölle und Himmel,
Teufel und Engel,
Monstrum und Mensch.

Der neue Mensch
ist zunehmend
Labormensch,
Maschinenmensch,
Prothesenmensch –
Mischwesen
aus Mensch
und Maschine?

Prometheus oder Apollon

„In jedem Menschen
wohnt ein wildes Tier" (Friedrich II.).
Wie groß,
stark,
hungrig,
aggressiv
ist das Raubtier
in mir,
in dir?

Jeder Mensch
kann ein Prometheus
oder ein Apollon sein.
Wie groß,
stark,
schöpferisch,
glücklich
ist der Prometheus
oder der Apollon
in mir,
in dir?

„Der Mensch ist etwas,
das überwunden werden muss"?
Der Mensch ist etwas,
das mehr vergeistigt:
vergöttlicht werden muss!

Der Mensch:
Weitsprung der Natur,
Wunschkind der Schöpfung?
Ein Lebewesen,
das sich einbildet,
„Kind Gottes" zu sein?

Grundschulwissen

Menschen sind Lebewesen.
Lebewesen sollen, wollen
leben und fortleben.
Also heißen ihre Hauptwörter:
Nahrung und Fortpflanzung.
Hauptaufgabe des Mannes:
Kinder zeugen.
Hauptbestimmung der Frau:
Kinder kriegen.

Simple Geschlechterordnung:
Die Frau (Mutter) schafft Leben,
der Mann (Soldat) schafft Leben ab.

Der Mann
das Gleichnis,
die Frau
das Geheimnis
Gottes?

Menschsein:
göttliche Komödie
oder
irdische Tragödie?

Vielleicht sind
Selbstveränderung,
Selbstgefährdung,
Selbstvernichtung
die Evolutionsschritte
des Menschen.

Immanuel Kant:
Krumm sind die Wege der Großen,
aber sie führen zum Ziel.
Friedrich Nietzsche:
Krumm gehen große Menschen und Ströme,
krumm, aber zu ihrem Ziele.

Hauptwörter
des Homo sapiens:
Denken und Wissen,
Vernunft und Moral,
Mammon und Macht,
Liebe und Sex.

Der Mensch ist
Denker und Werker.
Des Menschen Gebot:
Tätig sein.

Dem Denken und Forschen
darf der Mensch
keine Grenzen setzen.
Aber der Kopf
muss der Hand
wenn nötig
Halt gebieten.

Also laute das elfte Gebot:
Du sollst keinen Menschen klonen!

Der bedeutendste Satz
der Religionsgeschichte:
Liebe deinen Nächsten
wie dich selbst!

„Edel sei der Mensch,
hilfreich und gut",
heißt es bei Goethe.
Heute ist man/frau
tierisch gut,
clever, cool.

Nur im Bann der Bürde
reift die Würde
der Persönlichkeit.

Seine Majestät
der Weltbürger,
der Weltmeister,
der Weltstar.
Seine Dürftigkeit
der Massenmensch,
der Verbraucher,
der Spießbürger.

„Wer von den Zweibeinern
ist sehr eitel?",
fragte die Erdkröte den Pfau.
Und erhielt die Antwort:
der Mensch.

„Wo ist das Paradies auf Erden?",
fragte der Mond die Sonne.
Und erhielt die Antwort:
wo Menschen in Frieden
und Liebe leben.

Die Liebe lenkt des Lebens Lauf

Mensch zu werden
eine schwere Geburt.
Mensch zu sein
ein schwieriges Leben.

Jedes Menschen Lebenszeit
ist ein Teil der Ewigkeit.

Der Mensch ist ein Verbraucher
auf seinem Lebensweg zum Grab.

Das ist die Frage:
Ist das Leben
immer lebenswert?

Ist das Leben
etwa nicht
chaotisch,
grotesk,
absurd?

Solange es Menschen und Dinge gibt,
über die man staunen,
die man bewundern oder lieben kann,
lohnt es sich zu leben.

Solange man
lieben,
denken,
träumen,
glauben,
hoffen und
lachen kann,
lohnt es sich
zu leben.

Wie leben, was tun?
Zisterzienserorden:
Bete und arbeite!
Sigmund Freud:
Lieben und arbeiten!

Jeder Baum,
jedes Tier,
jeder Mensch
braucht einen eignen Lebensraum,
seinen Platz
im Erdreich unter der Sonne.

Bedenke:
Du erlebst
Raum und Zeit
wie kein anderer Mensch
auf der Erde.

Jedes Menschenleben
ist
eine Weltgeschichte.

„Leben ist immer lebensgefährlich"?
Schon die Geburt ist lebensgefährlich!

Das Leben scheint chaotisch –
oder ist's idiotisch?

Leben ist permanente Veränderung:
Keine Sekunde gleicht der anderen.

Astronautengebet:
Der Himmel segne
meinen Lebenstraum
und Lebensraum.

Was möchte man erben?
Langes Leben und kurzes Sterben.

Ob es Leben gibt
nach dem Tod?
Müßige Frage!
Liebe dein Leben
heute und hier:
Lebe, lebe, lebe!

Die Liebe lenkt
des Lebens Lauf.

Armut macht das Leben mies.
Erotik macht das Leben süß.

Die Liebe und die Mode
machen Märchen möglich.

Liebe wandelt die Welt.

„Liebst du mich?",
fragte die Venus
den Mars.
Seine Antwort:
Welch eine Frage!

Den Liebesring haben
die meisten Männer
lieber am Amor
als am Finger.

Genialität
und
Genitalität
sind gute Bekannte –
Verwandte.

Paradoxe Partnerschaft:
gemeinsam einsam.

Jede Ehe ist eine andere.

Jede Beziehung, Partnerschaft
hat ihre unbestimmbare Zeit.

Den Lebenspartner
muss man lieben,
bewundern können,
geheimnisvoll finden.

Das Wunder der Liebe
wird mehr und mehr entblößt.

O ja, verliebt sein
ist etwas Wunderbares.
Aber muss man darüber
den Verstand verlieren?

Vaterwort:
Ein Promi-Adonis
soll's sein?
Den, liebe Tochter,
hast du nicht allein.

Die emanzipierte Eva
ist sexi, cool, clever –
ohne Liebreiz, Anmut, Charme?

Bairisch:
I mag di.
Des freit mi.

Das Glück wohnt dort,
wo deine Liebe lebt.

Kunst muss Geist und Seele zeigen

Kunst muss Sinn haben,
Geist und Seele zeigen.

Das ist die Frage
vor einem Kunstwerk:
In welchem Maße kommen
Form und Seele zum Ausdruck?

Schüler:
Kunst darf alles?
Meister:
Jawohl, Kunst darf alles.

Kunst und Forschung
lassen sich nicht einsperren.

Kunstkritik:
Mehr Schund(st)
als Kunst.

Im Garten der Kunst
gibt es immer und überall
wenige Großgärtner,
aber viele Gernegroße,
Kleingärtner und
Gartenzwerge.

Natur und Kunst:
Sonnenglanzbilder,
Vogelkonzerte,
Baumskulpturen.

documenta 2002:
Ist der erweiterte Kunstbegriff
explodiert?
Gibt es eine globale Kunst(idee)?

„Schnell fertig
ist die Jugend
mit dem Wort"?
Schnell fertig
sind Politik und Presse
mit dem Wort.

Das ist die Literaturfrage:
Hat der Autor Sinnreiches zu sagen?
Eigentümliches,
Neues,
Bedeutendes,
Faszinierendes?

Literatur muss
in die Herzkammern
und Hirnzellen
blicken lassen.

„Gelobt sei der Richter
der Wahrheit!"
Gelobt sei auch der Dichter
der Klarheit!

Der Schriftsteller kann schreiben,
was und wie er will.
Der Journalist muss schreiben,
was wahr ist.

Meine Kurztexte:
Gedankenworte,
Gedankensätze,
Gedankensprüche,
Gedankenverse,
Gedankengedichte.

Die Göttin der Poesie hat
– wie die antike Fruchtbarkeitsgöttin –
viele Brüste.

Was Lyriker schreiben?
Ich-Poesie, Lebensdichtung:
Erlebnis-, Gefühls-, Gedankenlyrik.

Wer Gedichte schreibt,
steht nackt vor seinem Spiegel
und sieht darin die Welt.

Lyrik nach Auschwitz?
Warum nicht?
Aber wie?

Wenn ein Germanist
auch Lyriker ist,
ist er Artist
oder Anarchist.

Heute gibt es
mehr Lyrikschreiber
als Lyrikleser.

Schnell fertig
ist der Gernhardt
mit dem Wort
beim Schreiben
und beim Lesen
hier und dort.

„Gedichte sind Küsse,
die man der Welt gibt."
O ja, großer Liebhaber Goethe.
Doch Gedichte sind auch
Bisse und Schmisse,
die man der Gesellschaft gibt.

Goethe: mein Gott?
Mein Gott, Goethe!

Aphoristiker:
Kriminalromane lesen?
Da tun mir die Augen weh
und die Hirnzellen leid.

Bukowski lesen?
Jauche trinkt man nicht.

Beifall?
Nur einer klatschte –
weil der Sprecher
endlich schwieg.

Wortverwandte:
Nationalfahne
und
Alkoholfahne.

Sprachgebot:
Du sollst
deine Muttersprache
lieben
wie dich selbst!

Sind die Deutschen
Muttersprachemuffel?
Leiden sie an der
Englischkrankheit?

Sorry!
sagt der Engländer.
Cool!
englischt der Deutsche.

Das nobelste Wort
der deutschen Sprache:
SIE.
Das scheußlichste Wort:
Scheiße.

Zehnjähriger Schüler
im Jahr der Pisa-Studie 2002:
Ich kann
Deutsch, Englisch, Französisch –
und alles auf Chinesisch.
Auf gut Deutsch sag ich:
Scheiße und okay.

Handyschwatz:
Hey!
Hallo!
Oho!
Soso!
Aha!
Ach ja!
Cool!
Okay!
Tschüss!

Wie's mir geht?
Nun ja:
Ich bin Poet!

Gedanken kennen keine Grenzen

Wahrheit

Wer
weiß,
was
wahr
war?

Wer
weiß,
was
wahr
ist?

Wer
weiß,
was
wahr
wird?

Darum geht's:
Die Wirklichkeit
sehen, hören, wahrnehmen.
Die Wahrheit
ahnen, finden, kennen.
Weisheit gewinnen.

Die Welt verstehen?
Das Leben lieben!

Alles fließt?
Alles schwingt!

Ein jedes Ding ist das,
was man von ihm weiß?

Du meinst,
(von der Sache oder der Person)
alles zu wissen?
Was du auch weißt:
Es ist nur Teilwissen.
Wüsstest du das Ganze,
wärest du Gott.

Binsenweisheiten?

Individualität ist ein Mysterium.
Seelen senden und empfangen.
Licht macht Sicht.
Zeit ist immer Frist.
Massen müssen geordnet werden.
Ohne Glück ist kein Erfolg.
Selbstverständlich ist nur der Tod.
Nur Gott kennt alle Namen.

Ist das Leben
– alles Werden, Bestehen und Vergehen –
ein Gleichnis der Natur?

Sonnen haben keine Nachbarn,
Sonnen haben Satelliten.

Gebäude haben Gesichter,
Hütten nur Hintern.

Geld stinkt nicht,
Geld duftet!

Silberne Gespräche
und/oder
goldene Worte?

Doppelfrage:
Was ist richtig und wichtig?
Ist das richtig und wichtig?

Nicht der Zeit
Zeit nehmen,
sondern der Zeit
Zeit geben!

Gegenwart:
Kind der Vergangenheit,
Kindheit der Zukunft?

Kritik:
Dein Denken und Trachten
ist zu weit entfernt von dem,
was heute allgemein
gemeint und gelebt wird.

Gedanken kennen keine Grenzen.

Manche Orte der Erde
gehören zum Sternenhimmel.
Zum Beispiel
Gizeh und Jerusalem,
Athen und Rom.

Bin ich nur ein Wüstenstein,
wo es Pyramiden gibt?

Prognose:
Die Welt wird sich nie
allein um dich drehen.

Partnerschaft:
Ich bin
ICH und DU.

Ich kenne niemand,
keiner kennt mich.

Ich bin Andersdenker.
Wie du.

Der Mensch denkt:
Ob Gott lenkt?

Ist Gott eine Schöpfung des Menschen?

Niemand kann in die Hirnzellen
und in das Herz der Seele sehen.

Deine Seele:
ein leises
oder lautes
Instrument?
Geige oder Harfe,
Cello oder Horn?

Vieltausendmal
hat mein Herz
heute geschlagen –
wie oft habe ich
Gutes getan?

Mein Herz,
ich wundere mich,
bewundere dich,
dass du noch schlägst.
Mein Herz,
ich danke dir
für jeden Sekundenschlag.

Was für eine Gesellschaft ist das?

Gesellschaft

Raubtiergesellschaft
Mafiosigesellschaft
Managergesellschaft

Konsumgesellschaft
Wohlstandsgesellschaft
Reisegesellschaft

ICH-Gesellschaft
Stressgesellschaft
Spaßgesellschaft

Informationsgesellschaft
Multikultigesellschaft
Globalitätsgesellschaft

Der freie Markt
ist ein Wildtierrevier.
Motto:
Freie Bahn dem Tüchtigen,
Selbstsüchtigen!

Es gibt
kommunistische und
kapitalistische
Haie und
Hyänen,
Ratten,
Rindviecher und
Rhinozerosse.

Die kommunistische Funktionärsgesellschaft
war zum Erbrechen.
Die kapitalistische Managergesellschaft
ist zum Aufstoßen.
Trotzdem: Guten Appetit?

Was meinst du:
Ist die kapitalistische Gesellschaft
zum Küssen und/oder zum Kotzen?

Soll und Haben
kapitalistisch:
wenig Personal,
viel Profit.

In unserer Wohlstandswelt
erhalten hilfsbedürftige,
kranke Tiere
meist mehr menschliche Zuwendung
als die notleidenden,
kranken Menschen.

Soziologe:
Die American-life-Gesellschaft
ist nicht zum Umarmen,
sondern zum Gotterbarmen.

Was für eine
Staats-,
Gesellschafts-,
Rechtsordnung,
Ethik,
Religion
ist das:
Andere darf, soll man töten –
sich selber nicht?

Dreierbande:
Barbaren,
Banausen,
Banditen.

Wer mit Menschenmassen
– Massenmenschen –
umgeht,
muss
Kommandeur,
Dompteur oder
Heiland sein.

Beachte:
Der Mensch hat
drei Gesichter,
jedes Gesicht
zwei Profile.

Man denkt mit zwei Hirnteilen,
liebt mit zwei Herzkammern.

Bedenke:
Deine Seele
sieht und hört
immer mit.

Zwei Dinge
bewegen mein Denken:
die Tiefe in mir
und die Höhe über mir.

Ich bin, du bist
einer der vielen Erdbewohner,
kein Goethe oder Armstrong,
keine Nofretete oder Jeanne d'Arc.
Aber ich bin ICH,
und du bist DU.

Geist prägt Form,
Form zeigt Seele.

Zustände der Glückseligkeit:
„Eins sein mit allem",
Gesundheitsgefühl,
Liebesglück,
Kunstgenuss,
Erfolgserlebnis.

Lieblingswörter
des Ruhestands:
Gesundheit,
Wohlstand,
Liebe,
Kreativität,
Muße.

Despoten zählen nicht die Toten

Die Geschichte
der Menschheit
ist die Geschichte
von Adam und Eva,
Kain und Abel.

Die Vertreibung
aus dem Paradies
hat die Menschen
nach Sodom und Gomorrha,
zu Galgenbergen
und Schlachtfeldern,
nach Auschwitz
und Hiroshima
geführt.

Was tun? dachte Lenin
vor dem Ersten Weltkrieg
und plante
die Rote Revolution.
Was tun? dachte Hitler
nach dem Ersten Weltkrieg
und beschloss,
Politiker zu werden.

Die Deutschen sind im 20. Jahrhundert
durch Blut und Trümmer geschritten.
Sie wurden nach dem Zweiten Weltkrieg
– entnazifiziert und demokratisiert –
mit Blicken nach West und Ost regiert.

„O du mein Österreich!"
Geburtsland zweier Weltkriege?
Der erste begann mit Sarajewo,
der zweite mit Adolf Hitler.

Der Kalte Krieg
war ein Weltkrieg:
der Dritte Weltkrieg.

Vater aller Kriege,
Feind des Menschen
ist der Mensch.
Homo homini lupus.

Die Großen Fünf
der zweiten Hälfte
des 20. Jahrhunderts:
Ende der Kolonialzeit,
Beginn der Weltraumfahrt,
Kalter Krieg,
Wiedervereinigung Deutschlands,
Europapolitik mit Euro-Währung.

Furor teutonicus
oder
„Der hässliche Deutsche"

Kaiserzeit:
Der protzige Deutsche.

Erster Weltkrieg:
Der Hurra-Deutsche.

Hitlerzeit:
Der Nazi-Deutsche.

Zweiter Weltkrieg:
Der Kriegsverbrecher-Deutsche.

Nachkriegszeit:
Der schuldbeladene Deutsche.

Aufbauzeit:
Der supertüchtige Deutsche.

Kalter West/Ost-Krieg:
Der problematische Deutsche.

Und heute?
Der „Wir sind wieder wer"-Deutsche.

Bundesrepublik Deutschland
und/oder
Länderrepublik Deutschland?

Sind die Deutschen ein Volk,
das mit sich selbst
nicht gut umgehen kann?

Amerika ist Neueuropa:
das abendländische Morgenland?

Einst brüsteten sich die Briten:
"We have the ships,
we have the men,
we have the money too."

Heute sagen und singen
die US-Amerikaner:
„We are the champions."

Gebärden sich die Bush-Amerikaner
narzisstisch, nazistisch,
macht- und missionskrank?

Viele Deutsche
sind Freunde
der Amerikaner,
aber nicht Freunde
der Armeerikaner.

American Dream:
Globalimperialismus,
Weltraumherrschaft.

War und ist
das Jordanland
ein gelobtes oder
ein verfluchtes Land?

Höllentage:
Als Gott
am 13./14. Februar 1945
nach Dresden,
am 6. August 1945
nach Hiroshima und
am 11. September 2001
nach New York blickte,
meinte er
die Hölle auf Erden
zu sehen.

Elfter September:
Mörderische Boxhiebe
ins strahlende Gesicht
der mächtigsten Macht
der westlichen Welt.

Politik ist immer Machtpolitik.

In der Politik ist
Macht,
in der Wirtschaftswelt
Geld
das Maß aller Dinge.

„Geld regiert die Welt",
der Markt die Wirtschaft.

Die Politik ist eine Prostituierte,
die Weltgeschichte eine Bestie.

Missgeschick der Politik:
Vor uns die Sintflut?
Nach uns die Sintflut!

Ist die Weltgeschichte,
wie Goethe urteilte,
„das Absurdeste,
was es gibt"?

Soldaten müssen
(im Krieg)
Mörder sein.

Menschen sind Allestöter.

Despoten
zählen nicht
die Toten.

Pazifist:
Liebe deinen Nächsten!
heißt Gottes Gebot –
nicht: Schlag ihn tot!

„Gott ist immer
mit den stärksten Bataillonen",
hieß es in Preußen,
„Gott mit uns!"
später in Deutschland.
Doch am Ende des 19. Jahrhunderts
– rechtzeitig vor dem Ersten Weltkrieg –
gab Nietzsche zu bedenken:
„Gott ist tot."

Globalisierung:
Weltwirtschaftspolitik?
Weltwirtschaftskapitalismus?
Weltwirtschaftsmafia?
Weltwirtschaftskriminalität?
Weltwirtschaftskrise?

Demokratiefrage:
Ist die Mehrheit
der Bevölkerung,
der Wahlberechtigten
und Wähler
politikkundig,
urteilsfähig,
klug?
Nein?
Dann wählt,
siegt und
regiert
man schön!

Deutschland:
Eine verkrampfte,
gegensätzliche,
unglückliche Nation
im Schnittpunkt Europas?

Gibt es bei den Deutschen,
die gierig ihre „Bild"-Zeitung lesen,
ein/kein „gesundes Volksempfinden"?

Des Staatsbürgers Dreieinigkeit:
Steuerzahler, Verbraucher, Wähler.

Ideal
des bundesrepublikanischen
Deutschen:
Wohlstandsbürger,
Wohlstandsspießer.

Touristen waren früher
Leute wie Goethe und Humboldt.
Heute reisen Müller und Meier
in alle Welt.

Kriminalität:
Arbeitskriminelle
Wirtschaftskriminelle
Politikkriminelle
Öffentlichkeitskriminelle
Gesellschaftskriminelle
Partnerschaftskriminelle

Es gibt
immer und überall
korrekte und korrupte
Politiker.

Eigenschaften
vieler Politiker:
kindisch
komisch
konfus
korrupt
kriminell

Sind zu viele Politiker
Lügner,
Betrüger,
Erpresser,
Mafiosi?

Machthaber,
die den Rubikon überschreiten,
müssen entmachtet werden.

Sterben ist eine Lebensaufgabe

Lebensweg

Die Jugend kommt
und läuft davon
geradewegs
ins Liebesleben.
Das Alter kommt
und geht gelassen
geradewegs
zum tiefen Tor
des Todes.

Es gilt
das hohe Alter,
die letzte Lebenszeit
möglichst
weise und würdig
zu bestehen.

Ruhestand

Ruheständler
soll man nicht
in Ruhe lassen.

Den Ruhestand
kann man nicht
in Ruhe überleben.

Wer im Ruhestand ruht,
ruht sich zu Tode.

Wer ruht,
der stirbt.

Altenheim?
Papperlapapp:
Altenvollzugsanstalt,
Altenentsorgungsghetto.

Zeit ist immer
Lebenszeit.
Was tun
am Ende der Lebenszeit,
am Rande des Grabes?

Es will nicht nur gelebt,
es will auch gestorben sein.

Sterben heißt
das Leben beenden müssen.
Sterben ist
eine Lebensaufgabe.

Man muss leben (können),
ohne zu wissen: Warum?
Und man muss sterben (können),
ohne zu wissen: Wozu?

Lebensbegleitung
immer Lebenshilfe?
Sterbebegleitung
immer Sterbehilfe?

Das Leben ist gewiss eine Frage –
aber ist die Antwort der Tod?

Der Tod ist Lebensbegleiter.
Jeder Lebenstag
ist auch ein Tag des Todes.

Sieh in deinem Schatten
deinen Nachbarn Tod.

Lieber ein Ende mit Tränen
als Tränen ohne Ende.

Besser gut geköpft
als schlecht gehängt.

Goethe wünschte sich zuletzt
mehr Licht.
Ich wünsche mir zuletzt
mehr Morphin.

Todesbitte:
Lasst mich sterben!
Sonst seid ihr
meine Folterer
und Henker.

Ist der Tod
Ziel und Ende
des irdischen Lebens
oder
Übergang und Aufgang
zu einem geistig-ewigen Leben
in der Gottheit?

„Der Rest ist Schweigen"?
Der Rest ist
Religion,
Illusion,
Resignation.

Nirwanaseligkeit,
himmlische Herrlichkeit
oder Ewigkeitsnacht?
Weißt du die Wahrheit,
hast du die Wahl?

Glaube

Ich glaube nicht
an den Himmel,
ich glaube nicht
an die Hölle,
ich glaube nicht
an das Nichts.
Ich glaube
an das Leben
im Sterben.

Letzte Fragen:
Wann?
Wo?
Wie?

Heinrich Schröter

Heinrich Schröter

Geboren 1917 zur Zeit der Hurraschreie bei der deutschen Frühjahrsoffensive an der Westfront und der Hungerrufe in der Heimat.

Triste Kindheit in Ostpreußen in den nicht überall goldenen zwanziger Jahren.

Stürmische Jugend im Dritten Reich: Fahrtenmesser-, Spaten- und schließlich Gewehrträger in der Stadt der reinen Vernunft Königsberg.

Im Zweiten Weltkrieg von 1939 bis 1945 Soldat in Polen und Frankreich, auf dem Balkan und in der Sowjetunion.

Nach der großdeutschen Götterdämmerung drei Jahrzehnte lang Journalist und somit Jäger und Gejagter auf den Spuren der Zeit.

Lebt seit 1979 als freier Autor in Wiesbaden. Veröffentlichte fünf populärwissenschaftliche Schriften sowie fünfzehn Bände Lyrik und Kurzprosa.

Bücher des Autors

„Katharsis – Gedichte, Epigramme, Aphorismen" (1973), „Peni-Vagi – Erotische Poesie" (1974), „Von Neujahr bis Silvester – Heiterbesinnliches Jahrbuch" (1975), „Ha, welche Lust, Zitat zu sein! – Spruchbuch zum Fortschreiben" (1977), „Ecce Homo – Thesen des Menschseins" (1979), „Seilgang über dem Abgrund – Lyrik (m)eines Lebens" (1981), „Worte wie Wahrzeichen – Hauptsätze zu Hauptthemen und Hauptsachen" (1984), „Von Gilgamesch bis Gorbatschow – Prophezeiungen und Prognosen" (1987), „Glut und Asche – Lebenslyrik 1937 bis 1987" (1988), „Worte wie Wahrzeichen – Erweiterte Neuausgabe" (1990), „Liebeslyrik" (1991), „Lebensworte – Kürzesttexte zum Fort- und Gegenschreiben" (1992), „Bevor das Licht erlischt – Lebensabendtexte" (1996), „Sturm und Stille – Ausgewählte Gedichte 1945 bis 1995" (1996), „Fragen und Antworten – Kurztexte 1985 bis 2000" (2000).

LE SANG D'UN POÈTE

à mon
cher
voisin
O(?)
de
tout cœur
Jean Cocteau
±
1971(?)

> „Schröter ist ein tiefsinniger Schriftsteller, ein visionärer Dichter. Überall spürt man in seinen Texten große Menschenkenntnis und ein tiefes Verständnis für die Problematik des Menschseins in der Moderne."
>
> Wolfgang Mieder
> Professor für Germanistik und Volkskunde
> an der Universität Burlington (Vermont/USA)